AF174270

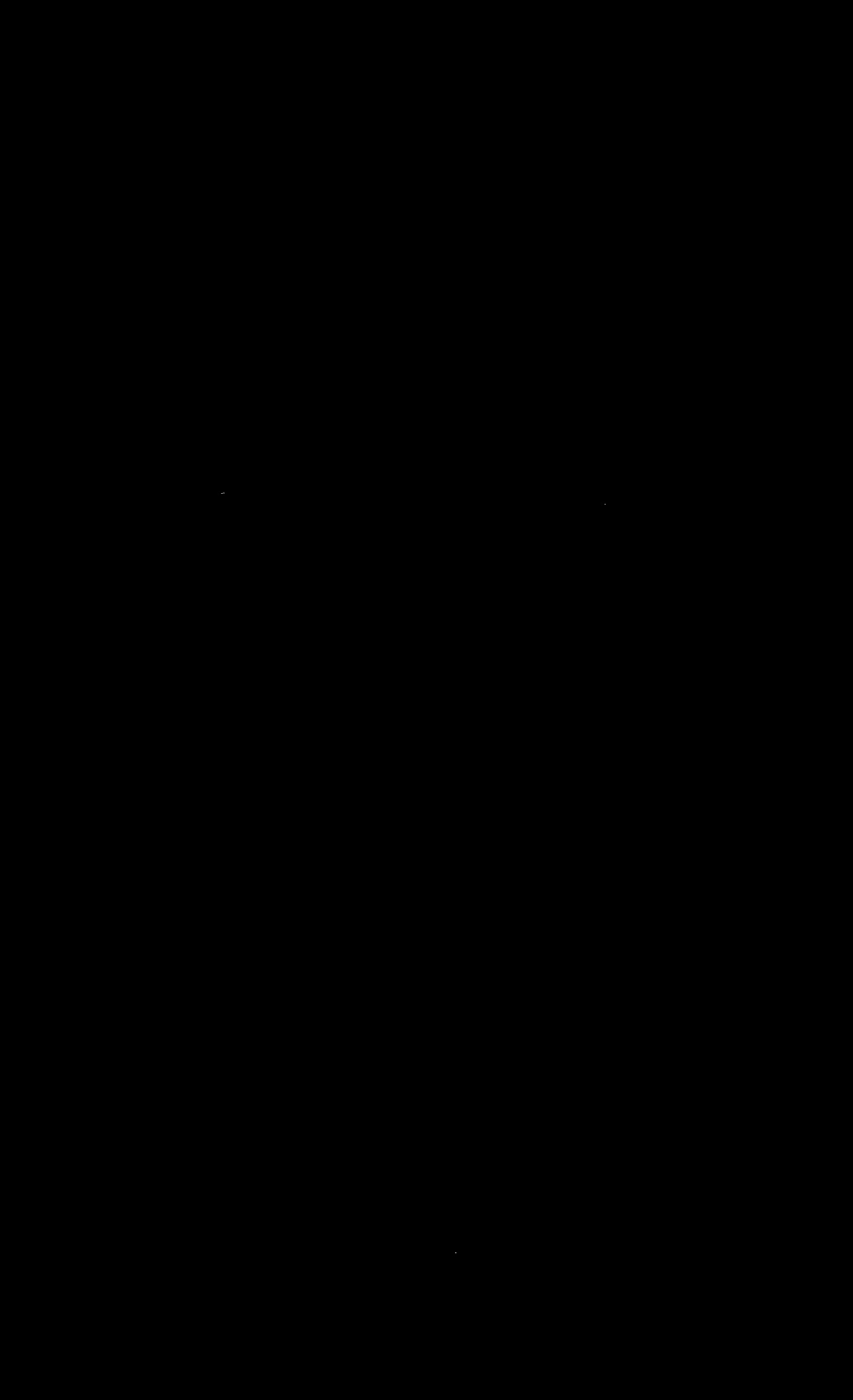

Santas que yo te pinte

Santas que yo te pinte

Álex Prada

Prólogo de Isaac Rosa

Maclein y Parker

PRIMERA EDICIÓN: mayo 2025

© DEL TEXTO: Álex Prada, 2025

© DEL PRÓLOGO: Isaac Rosa, 2025

© DE LA EDICIÓN: Maclein y Parker, 2025
Pasaje Lagunas de Ruidera, 6
41701 Dos Hermanas, Sevilla
www.macleinyparker.com

DISEÑO COLECCIÓN Y MAQUETACIÓN: Antonio Abad (Maclein y Parker)

IMPRESIÓN: Estilo Estugraf Impresores, S.L.
Impreso en España / *Printed in Spain*

ISBN: 978-84-129077-3-5
DEPÓSITO LEGAL: SE-747-2025

Prólogo

Isaac Rosa

ANATOMÍA DEL AMOR, ANATOMÍA DEL DOLOR

Si tuviéramos que clavar con alfileres de entomólogo este *Santas que yo te pinte* (y es lo que algunos lectores esperan de un prólogo), lo fácil sería colocarle la etiqueta filológica de «poesía ecfrástica», vincular a Álex Prada a una larga tradición de poetas que dialogaron con obras pictóricas y referirnos al objeto elegido para su (re)interpretación: la conocida serie de santas que pintó Francisco de Zurbarán en el siglo XVII.

Pero la poesía, la poesía más memorable, se resiste siempre a etiquetas y cajones (se resiste también a prólogos, ay), y así ocurre con este asombroso poemario. Es una obra de difícil parentesco, sin por ello dejar de ser en efecto un ejercicio (libérrimo) de écfrasis (descripción poética de una obra pictórica), que nos remite a las interpretaciones que grandes poetas hicieron de no menos grandes artistas plásticos, y para la que, por supuesto, es importante conocer el referente elegido: no imprescindible, pues el poemario es autónomo, independiente de la obra, y en su condición de lenguaje total y personalísimo vale por sí mismo sin necesidad de ser acompañado de la imagen; pero sí es recomendable leer estos poemas teniendo presente la santa elegida en cada ocasión.

Diría más: quien tenga cerca alguno de los museos donde se exponen, que no deje pasar la oportunidad de leerlo frente al cuadro. Por ejemplo, en ese hermoso pasillo del Museo de Bellas Artes de Sevilla donde se alinean ocho santas, cinco de ellas presentes en este libro. Sea en museo o en fotografía, tener presentes las santas no solo enriquecerá nuestra lectura, sino sobre todo enriquecerá nuestra mirada, pues la pintura de Zurbarán es profunda y radicalmente resignificada a la luz nueva de estos versos, por la original mirada que propone Prada.

Si pensamos no en la obra sino en el tema (el martirologio cristiano, las santas, presentadas como modelo de virtud para devoción popular), el poema añade nuevas capas de significado y nuevas pinceladas (valga la metáfora fácil) a las que ya había dado Zurbarán: recordemos que, en su tiempo, el pintor dio una lectura nueva a un tema clásico, la representación iconográfica de santas, al retratar mujeres reales, mundanas y no ideales, y hacerlo con ropajes impropios o al menos inhabituales de la santidad. Y ahora (sin pretender equiparar a Prada con Zurbarán, ni él lo querrá), el poeta mira el cuadro pero también mira el tema, las santas, su martirio y sus milagros, sus dones y atributos, y da otra vuelta sobre la previamente dada por Zurbarán, despojándolas más todavía de su condición divina e inhumana de santas para volverlas mucho más cuerpo, carne viva, carne gozosa y carne doliente.

El cuerpo de las santas, el cuerpo de las mujeres representadas, no ya por Zurbarán sino por Prada, es diseccionado aquí casi obsesivamente (como obsesivo es Zurbarán, detallista hasta en el último pelo o el último hilo). Los cuerpos escritos por Prada forman todo un tratado anatómico en el que leemos carne, piel, sangre, pelo, huesos, dientes, víscera, entraña, lengua, labios, garganta, vientre, pecho, ojos… Insisto: carne gozosa y carne doliente; en los poemas conviven la «anatomía del amor» y la anatomía del dolor, la dulzura y el horror, pues la carnalidad humana comparte cuerpo (el de la santa) con el atroz martirio del relato religioso, y por eso hay flores, gasas, frutas y caricias, pero también espadas, espinas, tenazas, hogueras, clavos, hierros hirviendo.

Los poemas alternan las voces del poeta que mira y de la santa que es mirada, como alternan el sol y la tiniebla, lo popular y lo culto, la sencillez y lo irracional, la copla luminosa y el versículo alucinado, lo teatral tan propio del barroco junto a versos limpios que pueden murmurarse dulcemente como oraciones.

Dije que los poemas miran al tema, a las santas, pero lo hacen sin perder el diálogo con Zurbarán, cuya paleta personalísima de colores y el uso dramático de la luz son traducidos al lenguaje poético mediante sinestesias fascinantes, lo mismo el rojo sangre que el amarillo oro «más allá del oro», o el negro nunca antes pintado pues «hubo que inventarlo».

Santas que yo te pinte cose verso a verso lo divino con lo terrenal, la truculencia con la sensualidad, la admiración sin palabras y la relectura consciente, la emoción profana y el cántico espiritual.

Santas que
yo te pinte

Santos que yo te pinte
demonios se tienen que volver.

LOS PLANETAS

Un pánico mental y un dolor físico
juntaban sus manos de rubí negro.

VLADIMIR NABOKOV, *Ada o el ardor*

Castidad del azul.

CHARLES BAUDELAIRE

De ceniza de rosa.

SEVERO SARDUY

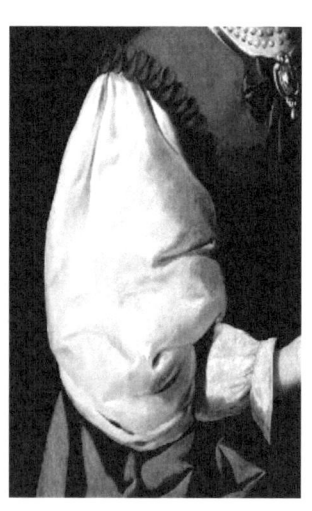

Santa Lucía
(VERSIÓN 1625)

Óleo sobre lienzo. 104 x 77 cm. 1625-1630.
National Gallery of Art, Washington.

MARTIRIO: aceite hirviendo, pez hirviendo, golpeada, atada, rociada con orina, decapitada.
MILAGROS, PATRONAZGO: protectora de ciegos, pobres, niños enfermos, campesinos, modistas, chóferes, fotógrafos, cristaleros, sastres, afiladores, fontaneros, escritores.

Mangas como nubes
nubes como montañas
inmóviles en su hierro
y una mano
pálida, insignificante
como nube
y las flores y la tez
como flores, como nubes
henchidas en su empeño
y la sangre
rojo pecho de sangre
cortina de sangre
escudo de sangre
y ahora sí
toma mis ojos si quieres quererme
bandeja del amor

bandeja de plata del amor
anatomía del amor
mano derecha del amor
palma del martirio del amor
porque aquí sigo, multiplicada
flores, ojos como flores
ojos que brotan nuevos
como flores
y tienes que mirarme
amor
mirarme, nube, sangre, flores
mirarme a estos ojos
a estas flores
sin que tiembles
mirarme, ciego
amor
para quererme.

Como brotan las nubes
como surcan las mangas
como coronan las flores
como bordadas en sangre.

Santa Lucía
(VERSIÓN 1641)

Óleo sobre lienzo. 71 x 40 cm. 1641.
Parroquia de San Martín de Tous, Bollullos de la Mitación.

Estoy muerta
aquí me tenéis
envoltorio de un vacío
lo canta mi cuello
muerta, exangüe
lo dice mi frente
estoy muerta
el pozo oscuro
de los siglos y su carcoma
cáscara seca
redimida en su exacta materia
me hicisteis columna negra
mil hombres, mil bueyes
mil litros de aceite caliente
la orina de mil hombres y mil bueyes
contra este humo humano
pero seguí fija
muerta, victoriosa
columna negra
niebla de mármol
este monumento invencible
donde el ocaso

encuentra su luz
donde vienen los ciegos y los muertos
a sanarse.

Santa Apolonia

Óleo sobre lienzo. 116 x 67 cm. 1625-1650.
Musée du Louvre, Paris.

Martirio: secuestrada, golpeada, desdentada, quemada en
la hoguera.
Milagros, patronazgo: curar afecciones dentales; protecto-
ra de odontólogos.

Tu paz. Tu rosa. Tu joya.
Tan cerca de tu pelo
descompuesto en calma
la tenaza como símbolo de la paz
bandera indestructible de la paz
el diente, que nos lo entregas
caricias, sosiego, limpia
el diente como joya
adorno para nuestros pechos embarrados
trofeo del juego de lo imposible
alivio de la sangre
desnuda osamenta
tu paz, tu rosa, tu joya
y abajo la hoguera, amarillo hoguera
consumidos ya los pies
porque no quieres la huida
plantada firme y en paz

tu paz, tu rosa, tu joya
porque ya no necesitas correr
y estás aquí, frente a nosotros
dura, inminente
pausa de lo invencible
aquí, desafiante
esperándonos en tu empeño
desembocadura de la furia.

Amarillo Zurbarán

Amarillo
no
oro más allá
del oro
otro sol
más imposible
de palpar
centro de otras órbitas
más prohibido
como un magma primero
de donde nace todo
mostaza, maná
piel muerta de Cristo
palma de la mano exangüe
de la que nacerán flores
entraña de la margarita
diente de león
narciso primero
amarillo
no
más último
el reverso de un otoño
la veta nunca vista
enterrada en la piedra
bilis que se hizo roca
que se hizo polvo
que se hizo estrella

milagroso manantial
desde el que brota
este amarillo
no
este otro oro
pecho de querubines.

El alma
esa túnica repetida
que nos unge a todos
ese peso que no pesa
tendrá que ser así
amarilla
no
de este oro
tuyo
más allá del oro.

Santa Bárbara

Dime dónde has estado
niña de cara blanca
dónde has dejado tu risa
que no está donde estaba.

LOS PLANETAS

Obrador de Zurbarán. Óleo sobre lienzo. 173 x 102 cm.
1640-1650.
Museo de Bellas Artes, Sevilla.

MARTIRIO: flagelada, expuesta desnuda en las calles de Nico-
media, herida con rastrillos de hierro, torturada en un lecho
de trozos de cerámica, quemada con hierros candentes, de-
capitada por su propio padre.
MILAGROS, PATRONAZGO: desviar o atraer tormentas, proteger
cosechas; protectora de artilleros, mineros, fundidores, elec-
tricistas, canteros.

Aquí
en el centro de la boca
el dolor es más grande que la gloria
dejadme la duda
el salvaje grito
laguna sin luceros

noche sin dientes
donde caben hierros hirviendo
lechos de cerámica
negro abismo
quién quiere este dolor
quién quiere esta gloria
qué puede detener
este dique de perlas
este cuello ya cercenado
quién sabe responder
a esta negra mirada
a esta oscura pregunta
el dolor más poderoso que la gloria
quién quiere esta gloria
y si el cielo estuviera vacío
seco de rayos
solar sin principio ni fin
sin pan de oro, sin azaleas
quién quiere este dolor
quién responde a esta mirada
y si el cielo
después del dolor, pese a la gloria
estuviera yermo
estuviera asolado
negra laguna
negra boca sin fondo.

Y este grito no tuviera eco
ni paredes que lo expongan
ni fin donde posarse.

Coplas de Santa Casilda

Óleo sobre lienzo. 171 x 107 cm. 1630–1635.
Museo Nacional Thyssen-Bornemisza, Madrid.

MARTIRIO: muerte natural, eremita.
MILAGROS, PATRONAZGO: convertir alimentos en rosas, fertilidad, cura de afecciones ginecológicas.

I

Y que yo te di la flor de la solapa
panecillo de tu boca
ay
panecillo de tus labios

y que yo te di la tela de mi falda
el agüita de tu boca
ay
el agüita cuando lloras.

II

Alto tu pelo, alta tu cara
alta la fuente de tu persona

alto que miras
alto que lloras

alto el milagro
de esta niña mora.

III

Si me encandilas con tu mejor mentira
responderé con la promesa más hermosa

EDNA ST. VINCENT MILLAY

Hombre:
Y que yo no me sé el nombre de las flores.

Mujer:
Ponte esta en la boca
el jazmín, caricia de la noche.

Ponte esta en el pecho
el clavel, molde de un beso.

Ponte esta en la mano
la rosa, noción de los pétalos.

Ponte esta en el vientre
la dalia, mapa del amor.

IV
(palmeos)

Santa Casilda
abre los vientres
Santa Casilda
pa la simiente

Santa Casilda
abre la rosa
Santa Casilda
una niña hermosa.

Blanco Zurbarán

Cuando la espina
cuando la llaga
cuando el dolor.

Cuando el pozo
vientre de lo negro
se cierra definitivo
y envuelve la carne
espina, llaga, dolor
cuando las ventanas ciegas
cuando el pelo vencido
cuando la garganta cercenada
hiel, estiércol, carbón.

Cuando la muerte
cuando el silencio
se agranda
monstruo, fría expansión
y parece ya tragarlo todo
llega la huida
esta huida abierta
en el pecho de lo negro
cristalina solución
refugio
pétalo acabado de nacer
blanco imposible tuyo
sábana redentora

cielo de la túnica
donde acoger todo este cansancio
espina, llaga, dolor.

Solo tú lo has entendido
el camino de este blanco
su remanso

su última, sanadora, palabra
su lago redentor.

Santa Eufemia
(VERSIÓN 1625)

Óleo sobre lienzo. 83 x 73 cm. 1635-1640.
Museo del Prado, Madrid.

MARTIRIO: violada, quemada, obligada a ayunar, aplastada entre piedras, arrojada a fieras, atravesada por una espada.
MILAGROS, PATRONAZGO: protectora de la ortodoxia; sus reliquias ayudaron a elegir las palabras más adecuadas a la fe entre los textos heréticos y ortodoxos en el Concilio de Calcedonia del año 451.

Escalera de los pliegues
mazo de lo austero.

Nimbo o sierra
hay que elegir
que los dos no caben
que la guerra es más vasta
huracanes, el filo de un rayo
y el metal ahogando la luz.

Escalera de los pliegues
olas de palidez que te elevan.

Manos o corazón
que en su hueco

bendita palma
palpita la bomba
que golpea el músculo invencible
como un puño de sangre.

Escalera de los pliegues
sombra de lo mínimo.

Espadas o palabras
que nadie elija porque ya se forjaron
que nadie invente porque todo es sabido
que nadie mienta
que ya todo se ha dicho.

Escalera de los pliegues
nacientes estos pies
que aplastaron a los hombres
redujeron a las rocas
amansaron a las fieras.

Santa Águeda

Óleo sobre lienzo. 130 x 61 cm. 1635-1640.
Musée Fabre, Montpellier.

MARTIRIO: obligada a prostituirse, arrojada a carbones encendidos, cercenados los senos, arrastrada por las calles, muerta en prisión.
MILAGROS, PATRONAZGO: detuvo la lava del Etna; protección contra afecciones mamarias, erupciones de volcanes, protectora de mujeres en general y de enfermeras en particular.

Nos entregas una bandera
nos estás poniendo en las manos
una bandera
certeza, altiva
vaporosa
—había que decirlo así, una vez más
corporeizar los himnos—
esto es:
río de sangre, arteria
catarata de sombra
despeñada malva pálida
y la extravagancia, arriba
en el pecho
como esas banderas africanas
robadas a la tierra:

el terciopelo de la hierba
el sol zurcido en las mangas.

«He aquí el fruto
he aquí la leche
he aquí la fruta
he aquí la fuente».

Víscera de la paz
la entrega despojada del horror
la bandeja colmada de dulzura.

«He aquí mi jardín
he aquí mi pecho
fuente de la vida
he aquí mi entraña».

Santa Marina de Aguas Santas

Obrador de Zurbarán. Óleo sobre lienzo. 170 x 101 cm. 1640-1650.
Museo de Bellas Artes, Sevilla.

MARTIRIO: fue decapitada y arrojada a un horno.
MILAGROS, PATRONAZGO: su cabeza, ya separada del cuerpo, rebotó en tres golpes en el suelo y de cada uno de ellos brotó una fuente con aguas curativas a las que se iba en peregrinación.

El agua que nace de mi boca
el agua que brota de mi frente.

Aquí tenéis mi cuello
pálida columna, pan de pueblo
y la vuelta de mi pelo
aquí tenéis mis ojos, una espada lenta
una pregunta y su respuesta
y mi boca diminuta, acusadora, valiente.

Aquí la cabeza elevada en su sombrero
esperando rodar como un incendio.

El agua que nace de mi pecho
el agua que brota de mi blusa.

Tengo preparada la oración
elegidas las palabras
mi mano la guarda, la acaricia
la convierte en pólvora.

Y este río, verde río, profuso
la saya en su catarata
río turbio, estancado de vidas.

Y este rojo, toda la sangre
corriendo, plegada, hasta los pies.

El agua que nace de mis manos
el agua que otorga su remedio.

Rojo Zurbarán

Pelamos la granada
corre la brisa
el mundo es sencillo
está resumido
apretado en un puño
desgajamos la granada
los dedos rojos
huele la dehesa
la chupamos, la estrujamos
la granada
en este jardín primigenio
y estos guantes rojos
zurcidos de granada
zumo de granada
no hay de estas en la capital
no se abre así una granada
y este rojo
sol que te hace tan rojo
luz del infalible rojo
lo rojo de lo vivo
la semilla en su rojo
explota la granada
ojos rojos, lágrimas rojas
las cicatrices son rojas
no hay estas joyas en Sevilla
roja estola, roja capa
nacidas de esta granada

campesina granada
abierta de par en par
lavada en sangre
roja
hija del polvo rojo
vertida
reventando en las palmas
granada
quién robó esta granada
granada
que diste a luz
los días
el rubí
el mundo
que nace de ti
de tu roja grieta
abierta de para en par
rojo
granada.

Santa Catalina

Óleo sobre lienzo. 179 x 102 cm. 1635-1640.
Colección Masaveu.

MARTIRIO: torturada en una rueda de clavos, atravesada por
una espada.
MILAGROS, PATRONAZGO: un rayo quebró la rueda de clavos;
protectora de filósofos.

I

Perfil de la espada
labios
filo pálido contra la noche
quilla abriendo el hielo
plata de la luna
la mirada
la carrera del pañuelo
caballo rojo
caballo rojo contra lo negro
el pelo como lengua de barro
desprendimiento de la nuca
en la mano el libro del mundo
en la falda cada esquina
el infinito recodo
dentro del oro todo el oro
en el puño de la espada

contenida
la única certeza
la verdad de la guerra.

II

Si nos dieras el segundo venidero
tú, corriente que no cesa
y volvieras el rostro
y nos miraras
con todo el óleo de tu palpable existir
aquí, a todos, extendidos en lo crudo
a este lado de los marcos
torpes transeúntes pisando mármol
si nos entregaras la espada
compasiva, decidida en la ira
podríamos erguirnos, al fin
nuevos, convertidos
arrojados en el desprendimiento
rociados de revolución
finalmente sanados.

Santa Inés

A ti, reencarnada

Obrador de Zurbarán. 173 x 102 cm. 1640-1650.
Museo de Bellas Artes, Sevilla.

MARTIRIO: desnuda en un burdel, degollada.
MILAGROS, PATRONAZGO: curar ciegos, crecer su cabellera para tapar su desnudez; protectora de adolescentes, novias prometidas, jardineros.

Cabe la bondad
cabe lo imperceptible
cabe el silencio
en el mundo.

Lo entregan tus manos
todo en su capullo
todo por abrir
gota de la lágrima de rocío.

Ni joyas ni brocados
ni bordados ni coronas
inmanencia de la sandalia
para la ceremonia de lo sencillo

lana blanca
porque nació blanca
destilada del tuétano de la sangre
limpieza de lo primero
la semilla que nace dentro de tu pelo
tu pelo libre de los adornos
tu frente salvada
tu mundo de pliegues
que acogen
lo que pudo
lo que todavía puede
dínoslo con tu silencio
ser invisible, torrente
dentro de la vida.

Prueba del amor.

Negro Zurbarán

Y la tierra estaba desordenada y vacía
y las tinieblas estaban sobre la faz del abismo.

GÉNESIS 1:2

Primero no fue el negro
el negro hubo que inventarlo.

Allá abajo
en el pozo del lienzo
no hubo negro
hasta que lo pusieron tus manos
aquellos pinceles
que condensaron el negro
la paz y la barbarie de lo negro.

Tuviste que engendrar los fondos
negros fondos
el último episodio siempre negro
la última palabra dicha
negro, negra palabra
alargar las sombras
verter el abismo
alrededor del cordero
para que fuese, por fin, cordero
y ese infinito, el espacio

principio tuyo, negro, final de todo
negro sideral
donde orbitan los crucificados.

Porque
primero no fue el negro
el negro tuviste que atraparlo en la nada
bajar los mil peldaños
tirar de su hilo
tuviste sin remedio
tú
que inventarlo.

Santa Engracia

Obrador de Zurbarán. Óleo sobre lienzo. 173 x 103 cm. 1640-1650.
Museo de Bellas Artes, Sevilla.

MARTIRIO: cercenados los pechos, herida con garfios, atravesada en el cráneo por un clavo.
MILAGROS, PATRONAZGO: evitó la muerte en una cirugía ocular del rey Juan II al ser acercado el clavo con el que fue ajusticiada a los ojos del monarca antes del procedimiento.

Mapa de la sangre
destino de la anatomía
pregunta cada dedo
debajo de las sombras
senda del clavo
por la montaña craneal
y el pecho que asume
el designio de la luz
sus vueltas, su baile.

Baile de la gasa
fundiendo su transparencia
su carrera hacia la nada
negra nada, petróleo del fondo
de donde brotaremos los vivos

estos muertos que ya somos
y que seguimos tu mirada
arriba, ofrenda, firmeza.

Santa Dorotea

[…no temía a los hombres, ni a los animales ni al diablo. A Dios no le había conocido nunca.

CARSON MCCULLERS, *Reflejos en un ojo dorado*

Obrador de Zurbarán. Óleo sobre lienzo. 172 x 102. 1641-1658.
Museo de Bellas Artes, Sevilla.

MARTIRIO: quemada viva, decapitada.
MILAGROS, PATRONAZGO: hizo traer flores y manzanas fuera de temporada para la conversión del abogado Teófilo. Protectora de floristas.

I

Cuando la Naturaleza
o cualquier resumen parecido
–henchido de manzanas y flores
de huracanes y tormentas de arena–
supo diseñar tal promontorio
divina altura perecedera
clavículas alineadas
con el girar de los cuerpos celestes
cuerpos, celestes, celestes cuerpos

columna invencible de polvo
y el sorteo de la sangre
colma los aciertos
definitiva calma de las manos
desembocadura de lo tibio
remanso de la belleza
todo sedimentado en esta frente
en esta piel infalible
quiten entonces todos los ropajes
la moda entera con su historia
y sus mártires y su venganza
retiren el óleo y los brocados
el milagro y la hagiografía
–vocabulario nítido de la piel–
hasta la boca negra que todo lo envuelve en su fondo
rama dorada, leyenda, saco de las mentiras
despojo, médula de lo imposible
aquí estás, finalmente, con una sola mirada
con la caída de la pluma de tu vientre
para que lleguemos envalentonados
a la justa medida de las medidas.

II

El pan.
La manzana
con toda su pulpa lírica
con su víscera
hecha de gusano
con su semilla
engarzada en futuro
el pan y su flor
miga, cuerpo de Cristo
oh, gloriosa
el pan con sus pétalos
la flor masticada
flotando en el cielo de la boca
nube de miga
oh, gloriosa
a ti acudimos llenos de esperanza
centro de lo creado
llenos de esperanza
en tu intercesión
alimento primitivo
sonrisa de pétalos
flor de la manzana
con su ida y con su vuelta
con su aliento, su marchito cuerpo
a ti acudimos
con una especial devoción.

Con todo el color de su Gracia.

María Magdalena
(MEDITACIONES)

Óleo sobre lienzo, 146 x 111 cm. 1645-1650.
Museo Nacional de San Carlos, Ciudad de México.

MARTIRIO: muerte natural, llevada por los ángeles al lugar de su sepultura.
MILAGROS, PATRONAZGO: protectora de peluqueros, pecadores arrepentidos, perfumerías, vida contemplativa.

I

El mar negro
manto de la ausencia
una mano busca
el tiempo de lo tierno
la otra quiere descansar
o entender
o rendirse
o atreverse
a la crispación
al tenso rubor de la pena
postura de la pregunta
sagrada melancolía
dulce líquido del dolor
savia corriendo por tu seno
estás aquí, agrio torrente
ahora que ya te fuiste

cuerpo, verbo, hijo, hombre
ahora estás aquí
en esta mano tu pecho desnudo
con su tiempo dentro
en la otra la espina
reposo del dolor
calavera alzada hacia la pregunta
flor nueva del osario.

II

Lloré sobre tus pies
apreté tu blancura
bajé de aquel monte
ya sin ti
deshice el camino
vi los árboles secarse
el sol atrapado de nubes
sucias las plumas de los pájaros
muda la flor
huesos y cenizas
una tarde no pensada
melancólica, umbría
yerta, última
el hueco insano del amor.

III
(Parlamento con Él)

Déjame hablarte ahora.
Casi sin respirar.

De aquella tarde.

La nuestra.

El mundo todavía no te conocía
no le hacías falta.

Abandonamos la ciudad
abandonamos los caminos
dejamos atrás el futuro
vinimos a aquel exacto lugar
donde ya no debíamos nada.

Y tomamos el aire
el aire más fresco jamás creado
y observamos el fuego
purificando nuestra tarde
arriba, tan arriba la llama
aquella llama
que espejeaba en nuestros rostros
trémulas carnes que gritaban sus anhelos
ay, abrázame, queremos huir
hemos huido a lo único
para hacer lo más natural

abandonamos el mundo
para rehacerlo en su centro.

Déjame hablarte ahora.
Casi sin sangre ya.
Henchida de vida.

Alta.

Hecha de flores.

IV

Yo soy ahora el amor.
Un solo cuerpo.
Testimonio encarnado.
Yo soy tú ahora.
Duermo.
Durmamos.
Cierro los ojos.
Te estoy creando nuevo.
En esta oscuridad.
Cierra los ojos.
Resucitas aquí.

Eres mi abrazo.

Epílogo

...y al final
de este camino
de hogueras y espadas
solo quedan nuestras manos
un ejército de manos
desnudas
que contienen en su carne
—reliquia inmarcesible
entraña de la joya—
el puño y la caricia...

Todos estos años la he seguido viendo
—siguió el juez—, pero no supe, ni
podía saber, hasta hoy, lo que es usted,
Dolly: un espíritu, una pagana…

TRUMAN CAPOTE, *El arpa de hierba*

Índice

Prólogo 7

Santas que yo te pinte

Santa Lucía (versión 1625) 15
Santa Lucía (versión 1641) 17
Santa Apolonia 19
Amarillo Zurbarán 21
Santa Bárbara 23
Coplas de Santa Casilda 25
Blanco Zurbarán 28
Santa Eufemia (versión 1625) 30
Santa Águeda 32
Santa Marina de Aguas Santas 34
Rojo Zurbarán 36
Santa Catalina 38
Santa Inés 40
Negro Zurbarán 42
Santa Engracia 44
Santa Dorotea 46
María Magdalena (meditaciones) 49

Epílogo 55

Quiero ser santa / Quiero ser beata.

PARÁLISIS PERMANENTE

Mayo | 2025 | Sevilla

ISBN 978-84-129077-3-5